BEI GRIN MACHT SICH IHR WISSEN BEZAHLT

- Wir veröffentlichen Ihre Hausarbeit,
  Bachelor- und Masterarbeit

- Ihr eigenes eBook und Buch -
  weltweit in allen wichtigen Shops

- Verdienen Sie an jedem Verkauf

Jetzt bei www.GRIN.com hochladen und kostenlos publizieren

Bibliografische Information der Deutschen Nationalbibliothek:

Die Deutsche Bibliothek verzeichnet diese Publikation in der Deutschen National-bibliografie; detaillierte bibliografische Daten sind im Internet über http://dnb.d-nb.de/ abrufbar.

Impressum:

Copyright © 2015 GRIN Verlag, Open Publishing GmbH
Druck und Bindung: Books on Demand GmbH, Norderstedt Germany
ISBN: 9783668342057

Dieses Buch bei GRIN:

http://www.grin.com/de/e-book/343509/graben-fuer-germanien-archaeologie-unterm-hakenkreuz

Fynn Petzold

Graben für Germanien. Archäologie unterm Hakenkreuz

Kultur in totalitären Systemen

GRIN Verlag

GRIN - Your knowledge has value

Der GRIN Verlag publiziert seit 1998 wissenschaftliche Arbeiten von Studenten, Hochschullehrern und anderen Akademikern als eBook und gedrucktes Buch. Die Verlagswebsite www.grin.com ist die ideale Plattform zur Veröffentlichung von Hausarbeiten, Abschlussarbeiten, wissenschaftlichen Aufsätzen, Dissertationen und Fachbüchern.

Besuchen Sie uns im Internet:

http://www.grin.com/

http://www.facebook.com/grincom

http://www.twitter.com/grin_com

Graben für Germanien

-

Archäologie unterm Hakenkreuz

Facharbeit

Seminarfach: Aspekte kulturellen Wandels (sf 421)

Halbjahresthema: Kultur in totalitären Systemen

Schule: Jade-Gymnasium

Fynn Petzold

Jaderberg, den 10. März 2015

Inhaltsverzeichnis

1 Einleitung

1.1 Einführung in die Thematik

„Graben für Germanien" – damit ist die Rolle der „Archäologie unterm Hakenkreuz" in der Zeit des Nationalsozialismus (1933-1945) ziemlich treffend beschrieben.[1]

In dieser Facharbeit untersuche ich die politische Instrumentalisierung der Archäologie im „Dritten Reich". Besonders befasse ich mich mit dem „Mythos Germanien". Der im 19. Jahrhundert aufkommende Nationalismus und später der Rassismus, waren auf der Suche nach einer gemeinsamen Wurzel. Man erfand das Konstrukt einer geschichtlichen Abstammung der Deutschen von den Germanen und einer durch die Ahnen legitimierte Überlegenheit der „nordischen Rasse" gegenüber allen anderen Rassen. Nationalsozialisten konnten auf dem im 19. Jahrhundert bereits im Entstehen gewesen „Mythos Germanien" aufbauen und ihn mit Propagandamaßnahmen in den Köpfen der Menschen verfestigen.

Renommierte Wissenschaftler sind jedoch der Meinung, dass die Germanen ein geschichtliches Gebilde sind, an dem Archäologen, NS-Wissenschaftler, aber auch Laien- und Heimatforscher mitgearbeitet haben.[2] „Die Germanen als ein einheitliches Volk hat es nie gegeben."[3] Zu dieser Erkenntnis gelangten die Autoren Jo Siegler und Frank Endres, die im Bereich der Germanenforschung tätig sind.

1.2 Leitfragen

Wie kam es also dazu, dass Archäologen ihre wissenschaftliche Tätigkeit gegen eine ideologische Handlangertätigkeit eintauschten? Waren sie selbst überzeugte Nationalsozialisten, oder wurden sie zu dieser Arbeit gezwungen? Wie waren die NS-Archäologen organisiert? Welche Ausgrabungen hat es in unserer Region, in Nordwestdeutschland gegeben und wie wurden die Funde im Nationalsozialismus interpretiert?

Weshalb war der „Mythos Germanien" im Volk so tief verankert? Was geschah nach dem verlorenen Krieg mit den NS-Archäologen?

---

[1] Vgl. http://geschichtspuls.de/graben-fuer-germanien-archaeologie-unterm-hakenkreuz-ausstellung-bremen-art1600; 14.02.2015

[2] Vgl. http://www.deutschlandradiokultur.de/die-germanen-sind-ein-geschichtliches-konstrukt.954.de.html?dram:article_id=239802; 1.03.2015

[3] http://www.planet-wissen.de/politik_geschichte/voelker/germanen/index.jsp; 1.03.2015

All diese Fragen habe ich mir vor der Erarbeitung meines Themas gestellt und war insbesondere an folgenden Aspekten interessiert: Was geschah während der Zeit des Nationalsozialismus hier bei uns? Und warum weiß auch ich, obwohl ich noch sehr jung bin und die Ideologie vor über 100 Jahren ihren Ausgang nahm, von dem „Mythos Germanien"?

1.3 Herangehensweise

Die Herangehensweise an das Thema erfordert aufgrund seiner Komplexität und inhaltlichen Breite, Schwerpunktsetzungen und Beschränkungen. Außerdem wird an den Leitfragen bereits deutlich, dass sich das Thema nicht rein chronologisch darstellen lässt, vielmehr bedarf es zeitweise ideologischer Erklärungen sowie regionaler Eingrenzungen.[4] Unter Berücksichtigung des vorher Gesagten möchte ich dennoch Wert auf einen möglichst umfassenden Gesamtblick auf die Thematik legen, um die grundlegenden Zusammenhänge nachvollziehbar darstellen zu können.

Neben den Motiven für die Zusammenarbeit zwischen Archäologie und Nationalsozialismus sollen die beiden wichtigsten Institutionen der NS-Archäologie und deren Konkurrenzkampf vorgestellt werden. Außerdem stelle ich in einem kurzen Portrait den nationalgesonnenen Archäologen Gustaf Kossinna (1858-1931) vor, welcher mit seinen Werken auch nach seinem Tod erheblich zum „Mythos Germanien" beitrug. Der Lebenslauf des ehemaligen SS-Archäologen Herbert Jankuhn (1905-1990) wird herangezogen, um beispielhaft zu dokumentieren, dass sehr viele Wissenschaftler auch nach dem Ende des Nationalsozialismus ihre Karrieren nahtlos fortsetzen konnten.

Meinen Schwerpunkt bei den weiteren Leitfragen möchte ich einerseits auf NS-Ausgrabungen in unserer Region legen und andererseits auf die Propaganda die auf Kinder und Jugendliche in Bezug auf den „Mythos Germanien" einwirkte. Abschließend sollen Beispiele aus der heutigen Zeit das Fortleben des Mythos bis zum heutigen Tage belegen.

---

[4] Vgl. Focke-Museum (Hrsg.). Unter Mitarbeit von Sandra Geringer u.a.: Graben für Germanien: Archäologie unterm Hakenkreuz; [anlässlich der Ausstellung „Graben für Germanien – Archäologie unterm Hakenkreuz", Focke-Museum, Bremer Landesmuseum für Kunst- und Kulturgeschichte, 10. März bis 8. September 2013], Bremen 2013, S. 183

2 Motive der Zusammenarbeit zwischen Archäologen und Ideologen

2.1 Situation der Archäologie vor 1933

Zu Beginn des 20. Jahrhunderts war die Archäologie als universitäres Fach kaum etabliert. In der Öffentlichkeit wurde die Archäologie überwiegend mit Schatzsuche und Abenteuerlust in Verbindung gebracht, da eine Institutionalisierung, sowie fachlich gut ausgebildetes Personal fehlte. Oftmals waren Heimat- und Laienforscher als Ausgräber tätig. Darüber hinaus waren für systematisch angelegte archäologische Grabungen die finanziellen Mittel nicht vorhanden. Kurzum, die Archäologie befand sich in einem katastrophalen, weil völlig „unwissenschaftlichen" Zustand.[5]

2.2 Absichten der Archäologen

Ausgehend von dieser Lage war das Bedürfnis nach Veränderung der Fachinteressierten der Zeit groß. Die Archäologen wollten ihr Fach an Universitäten, in Museen und in der Bodendenkmalpflege fördern und stärken. Sie wollten sowohl gesellschaftlich, als auch ihres historischen Tiefgangs und des universitären Forscherdrangs wegen anerkannt werden. Außerdem sahen sie in der Zusammenarbeit mit der Politik die Möglichkeit „einer Förderung der Archäologie in Ausbildung, Praxis und Vermittlung" stellte die Kunsthistorikerin Frauke von der Haar fest.[6]

2.3 Interessen der Nationalsozialisten ab 1933

Die NS-Ideologie sollte mithilfe der Archäologie untermauert werden. Theorien wie: die Überlegenheit der „arischen Rasse" gegenüber anderen Völkern, einem „großgermanischen Reich" als Ursprung des Abendlandes, die Herrschaftsansprüche auf benachbarte Territorien, sowie viele weitere Behauptungen sollten historisch belegt und somit legitimiert werden.[7] Mit archäologischen Beweisen wollten sie die Ideologie auf eine fundierte, „wissenschaftliche" Grundlage stellen. Begleitet durch massive propagandistische Maßnahmen wollte etwa die NS-Pädagogik „den Kindern zeigen, wie das Deutsche tief verwurzelt [...] im Blut unserer Ahnen" wäre.[8]

---

[5] Vgl. Focke-Museum (Hrsg.): a.a.O., S. 11
[6] Ebenda, S. 11
[7] Vgl. ebenda, S. 9 ff.
[8] Klöcker, Michael u.a.: Die Volksschule im NS-Staat. Nachdruck des Handbuches „Die deutsche Volksschule im Grossdeutschen Reich: Handbuch der Gesetze, Verordnungen und Richtlinien für Erziehung und Unterricht in Volksschulen nebst den einschlägigen Bestimmungen über Hitler-Jugend und Nationalpolitische Erziehungsanstalten", Breslau 1940, Köln 2000, S. 128

3 Gustaf Kossinna – ein Wegbereiter der NS-Archäologie

3.1 Kossinna als Wegbereiter

Schon seit dem 19. Jahrhundert gewann der „Mythos Germanien" für die entstehende Prähistorische Archäologie, die sich der Kulturentwicklung des Menschen von ihren Anfängen an widmet, wesentlich an Bedeutung. Gustaf Kossinna (1858-1931), Philologe und Professor der Deutschen Archäologie prägte die junge Wissenschaft vom ausgehenden 19. Jahrhundert, bis spät in die Zeit der Weimarer Republik (1919-1933)[9] hinein.[10] Kossinna gilt als „ein Wegbereiter der nationalsozialistischen Ideologie"[11] Zu Beginn des 20. Jahrhunderts entwarf und propagierte er das Bild der germanischen Abstammung der Deutschen. Kossinnas Werke „Die deutsche Vorgeschichte, eine hervorragend nationale Wissenschaft"[12], „Altgermanische Kulturhöhe"[13] und „Ursprung und Verbreitung der Germanen in vor- und frühgeschichtlicher Zeit"[14] prägten das Germanenbild der deutschen Bevölkerung. Außerdem war er Urheber der so genannten Siedlungsarchäologischen Methode, welche sich mit der historisch-genetischen Siedlungsforschung beschäftigt.[15]

3.2 Kritik an Kossinnas Methoden

Trotz der Anerkennung die Kossinna von den Nationalisten erfuhr, war er auch in einem hohen Maße der Kritik ausgesetzt. Diese richtete sich in erster Linie nicht gegen seinen, auch in anderen Ländern durchaus gängigen nationalen Grundgedanken[16], sondern primär gegen seine unwissenschaftlichen Methoden und seinen „engen germanozentrischen Horizont"[17]. Diese Vorwürfe - auch aus den Reihen der Prähistoriker - führten jedoch zu einer noch stärkeren Nationalisierung seiner Forschungen und zu heftigen Beleidigungen und Anfeindungen gegen alle, „die sich nicht um das deutsche Erbe" verdient

---

[9] Vgl. Anger, Eberhard: Der Brockhaus. In einem Band (4. Auflage), Mannheim 1992, S. 969

[10] Vgl. Focke-Museum (Hrsg.): a.a.O., S. 31

[11] Grünert, Heinz: Gustaf Kossinna. Ein Wegbereiter der nationalsozialistischen Ideologie, in: Leube, Achim (Hrsg.): Prähistorie und Nationalsozialismus: Die mittel- und osteuropäische Ur- und Frühgeschichtsforschung in den Jahren 1933-1945, Heidelberg 2002, S. 307 ff.

[12] Kossinna, Gustaf: Die deutsche Vorgeschichte, eine hervorragend nationale Wissenschaft (7. Auflage), Leipzig 1936

[13] Kossinna, Gustaf: Altgermanische Kulturhöhe (2. Auflage), Leipzig 1930

[14] Kossinna, Gustaf: Ursprung und Verbreitung der Germanen in vor- und frühgeschichtlicher Zeit (2. Auflage), Leipzig 1934

[15] Vgl. http://sundoc.bibliothek.uni-halle.de/diss-online/03/07H057/t4.pdf; 23.02.2015

[16] Vgl. http://www.dhm.de/archiv/ausstellungen/walhall/art2.htm; 23.02.2015

[17] Grünert, Heinz: a.a.O., S. 120

machten, so Kossinna. In seinem Werk „Die deutsche Vorgeschichte, eine hervorragend nationale Wissenschaft" kommt diese Ablehnungshaltung gegenüber seinen Kritikern klar zum Ausdruck.[18]

4 Die Archäologie ab 1933

4.1 Aus Archäologie wird NS-Archäologie

Mit der Machtergreifung der Nationalsozialisten im Jahre 1933 änderte sich die Situation der deutschen Archäologie erheblich. „Bis zum 1. Mai 1933 waren etwa 70 Prozent der Archäologen Mitglied der NSDAP."[19]

Bei den neuen Untersuchungs- und Forschungsmethoden ging es weniger um ergebnisoffene, wissenschaftlich orientierte Erkenntnissuche, sondern eher um pseudowissenschaftliche Untersuchungen. Wissenschaftliche Ergebnisse, die mit den nationalsozialistischen Ansichten nicht übereinstimmten, wurden nicht publiziert. Die Archäologen im nationalsozialistischen Auftrag waren sich diesem Druck bewusst.[20] Deshalb verhielten sich viele Archäologen politisch opportun gegenüber der nationalsozialistischen Ideologie. Sie nutzten ihre historischen Deutungsmöglichkeiten, um den gewünschten Ergebnissen gerecht zu werden.[21] Andere waren selbst überzeugte Nationalisten, wie Gustaf Kossinna oder gar fanatische Nationalsozialisten.[22] Präziser, sie stellten sich in den Dienst der Politik, beteiligten sich am Raub von Kulturgütern und setzten Zwangsarbeiter ein. Somit haben sich auch viele Archäologen in der NS-Zeit mitschuldig gemacht.[23]

4.2 Die NS-Archäologie blüht und floriert

Die Hoffnungen der Archäologen waren in Erfüllung gegangen und sie konnten auf die Unterstützung durch den Staat zählen. Mit der Verbesserung der Finanzen und des Ansehens der Archäologie ging auch die Einrichtung neuer Lehrstühle an Universitäten einher. Die NSDAP richtete neue Forschungseinrichtungen ein und stattete die Archäologen mit allen notwendigen

[18] Vgl. Kossinna, Gustaf: a.a.O., S. 266 f.
[19] http://www.zeit.de/2013/11/Germanien-Ausstellung-Bremen/seite-2; 15.02.2015
[20] Vgl. Reitzenstein, Julien: Himmlers Forscher. Wehrwissenschaft und Medizinverbrechen im „Ahnenerbe" der SS, Paderborn 2014, S. 32
[21] Vgl. Focke-Museum (Hrsg.): a.a.O., S. 11
[22] Vgl. ebenda, S. 42
[23] Vgl. http://www.nwzonline.de/stars-und-sternchen/archaeologen-und-nazis-schufen-einen-mythos_a_2,0,2566663339.html; 14.02.2015

Mitteln aus, um in Ihrem Dienste Beweise zur Unterstützung der nationalsozialistischen Ideologie zu beschaffen.[24]

Die Fachwissenschaftler hatten in einem „Geschäft auf Gegenseitigkeit [...] wissenschaftliches Kapital" und die NS-Führung „politisches und vor allem ökonomisches Kapital" für Ausgrabungen und Forschungsarbeiten zur Verfügung gestellt.[25]

5 Rivalitäten unter den NS-Forschungsorganisationen

5.1 Das „Ahnenerbe" der SS

Heinrich Himmler (1900-1945)[26], ab 1929 Reichsführer der SS, verstand sich als oberster Altertumsforscher des Reiches und hatte bereits ab 1934 begonnen, Ausgrabungen zu unterstützen und regelmäßig zu besuchen.[27] Im Jahre 1935 förderte er die Gründung des „Ahnenerbes" der SS, welches aus einer nach und nach ablaufenden Fusion der Abteilung Ausgrabungen des „Persönlichen Stabes des Reichsführers der SS" und der „Abteilung für Vor- und Frühgeschichte" im „Rasse- und Siedlungshauptamt (RuSHA)" der SS hervorging.[28]

Die neu eingerichtete Institution widmete sich intensiv der Archäologie und war später für alle Aktivitäten der SS auf diesem Forschungsgebiet verantwortlich.[29]

5.2 Der „Reichsbund für Deutsche Vorgeschichte"

Allerdings agierte das „Ahnenerbe" auf diesem Gebiet nicht allein. Der 1934 gegründete „Reichsbund für Deutsche Vorgeschichte (RfDV)", beanspruchte ebenfalls die Deutungshoheit in der Germanenforschung. Angegliedert war der „Reichsbund" an das Amt des NS-Chefideologen Alfred Rosenberg (1893-1946), genannt „Amt Rosenberg"[30]. Auch er war Unterstützer des Germanenkults.[31]

[24] Vgl. Focke-Museum (Hrsg.): a.a.O., S. 42
[25] Berg, Matthias: Wissenschaft, Politik und Krieg. Die Kaiser-Wilhelm-Gesellschaft 1933-1945, Kiel 2004, S. 2
[26] Vgl. Anger, Eberhard: a.a.O., S. 364
[27] Vgl. Focke-Museum (Hrsg.): a.a.O., S. 60 f.
[28] Vgl. http://www.zeit.de/2013/11/Germanien-Ausstellung-Bremen/seite-2; 15.02.2015
[29] Vgl. Vgl. Focke-Museum (Hrsg.): a.a.O., S. 61

[30] Vgl. Anger, Eberhard: a.a.O., S. 743
[31] Vgl. http://www.zeit.de/2013/11/Germanien-Ausstellung-Bremen/seite-2; 15.02.2015

5.3 Heinrich Himmler gegen Alfred Rosenberg

Rosenbergs Befehle in den von der Wehrmacht eroberten Gebieten umgehend mit der Grabung nach germanischen Siedlungsspuren zu beginnen, rief mit SS-Chef Heinrich Himmler einen mächtigen Konkurrenten auf den Plan. Himmler beabsichtigte seinerseits möglichst viele germanische Artefakte zusammenzutragen, was in den besetzten Ost-Gebieten nicht selten auf organisierten Raub hinauslief.

Im „Dritten Reich" herrschte spätestens seit dem Konflikt im Osten ein unversöhnlicher Konkurrenzkampf zwischen beiden Organisationen. Der „Reichsbund für Deutsche Vorgeschichte", der dem „Amt Rosenberg" unterstand, und die SS-Organisation „Ahnenerbe", an deren Spitze sich Heinrich Himmler befand, rivalisierten um die Führungsrolle in der „rassischen" Forschung. [32]

6 Ausgrabungen im Nationalsozialismus

6.1 Allgemein

In den Jahren von 1933 bis 1939 führten das „Amt Rosenberg" und das „SS-Ahnenerbe" sowohl zahlreiche eher unbekannte Ausgrabungen, als auch eine Reihe von bekannteren Ausgrabungen im Deutschen Reich durch (siehe Anhang Bildmaterial 1). Hierbei standen auf der einen Seite pseudowissenschaftliche Propagandamaßnahmen und auf der anderen Seite die Rivalitäten zwischen den beiden NS-Forschungsorganisationen im Vordergrund. [33]

Dennoch waren viele Grabungen in der NS-Zeit trotz aller politischen Aspekte, dringend notwendig und mussten unvorhergesehen durchgeführt werden. Der nationalsozialistische Bauboom (Autobahnbau, Flugplatzbauten, Militärbauten) steigerte den Handlungsbedarf der Bodendenkmalpflege massiv.

Viele Baumaßnahmen griffen in das unterirdische Archiv des Bodens ein und es drohte die irreversible Zerstörung von archäologischen Funden im Untergrund. [34]

---

[32] Vgl. http://diepresse.com/home/leben/ausgehen/1395265/Auf-der-Suche-nach-den-alten-Germanen; 15.02.2015
[33] Vgl. Focke-Museum (Hrsg.): a.a.O., S. 65
[34] Vgl. Focke-Museum (Hrsg.): a.a.O., S. 73

6.2 Moorleichen als Legitimation für die Verfolgung Homosexueller

Moorleichen gehören zu ganz besonderen archäologischen Quellen. Ihr Erhaltungszustand ist abhängig von der chemischen und organischen Zusammensetzung des Moores, in dem sie aufgefunden wurden. In den meisten Fällen wurden Moorleichen eher zufällig beim Torfstechen entdeckt und anschließend einem Museum übergeben.

Im Wesentlichen beruhte die Moorleichenforschung auf den 1907 bzw. 1918 veröffentlichten Studien der Archäologin Johanna Mestorf (1828-1907)[35] und des Wissenschaftlers Hans Hahne (1875-1935)[36]. In beiden Studien wird deutlich, dass Moorleichen in bestimmten Fällen als Opfer von Strafverfahren beziehungsweise eines Strafgebrauchs angesehen werden können. Hierbei berufen sich beide auf schriftliche Überlieferungen des römischen Historikers Tacitus (58-120).[37]

Die weitere Annahme, welche angeblich auf Tacitus beruht ist die, dass man auch homosexuelle Praktiken von Männern durch versenken im Moor bestrafte.[38] Tacitus schreibt: „[...] das die Germanen Feiglinge, Kampfscheue und der Unzucht Überführte im Sumpf versenkten"[39] Aus dieser Formulierung leiteten die national gesonnen Wissenschaftler ab, dass Homosexuelle bestraft wurden, obwohl Tacitus dies explizit gar nicht ausdrückt. Außerdem gab es für diese Annahme keine archäologischen Befunde. Die neuere Wissenschaft geht aber auch davon aus, dass bereits Tacitus Schriften hinsichtlich der Germanen als ideologisch und tendenziös einzuordnen sind.[40]

Heinrich Himmler legitimierte somit jedoch seine Einstellung gegenüber Homosexuellen. Homosexuelle SS-Mitglieder wurden ab 1933 angeprangert.

In einer geheimen Ansprache vor SS-Gruppenführern im Februar 1936 ging Himmler sogar noch einen Schritt weiter. Für homosexuelle SS-Mitglieder ergaben sich in den nächsten Jahren folgende Konsequenzen:

---

[35] Vgl. Mestorf, Johanna: Moorleichen, in: Bericht des Schleswig-Holsteinischen Museums Vaterländischer Altertümer bei der Universität Kiel. 44, Kiel 1907, S. 44

[36] Vgl. Hahne, Hans: Über die Moorleichen der Provinz Hannover, Leipzig 1911, S. 19

[37] Vgl. http://www.fachdidaktik.klassphil.uni- muenchen.de/forschung/seminarertraege/interpretationskurs/tacitus-allgemeines.pdf; 8.03.2015

[38] Vgl. http://www.nationalgeographic.de/reportagen/topthemen/2007/tod-im-moor; 21.02.2015

[39] Burmeister, Stefan u.a. (Hrsg.): 42. Festschrift für Michael Gebühr. Internationale Archäologie – Studia honoraria 28, Rahden 2007, S. 100

[40] Vgl. Burmeister, Stefan u.a. (Hrsg.): a.a.O., S. 100

Konzentrationslager und Ermordung bei einem angeblichen Fluchtversuch.[41] Die Schwulen müssten einfach „entfernt werden, wie wir Brennesseln ausziehen, auf einen Haufen werfen und verbrennen".[42]

Das Beispiel der Moorleichen zeigt, dass sich die nationalsozialistische Führung rücksichtslos über die wissenschaftlichen und archäologischen Erkenntnisse hinwegsetzte, wenn sie nicht mit den ideologischen Vorstellungen des Nationalsozialismus übereinstimmten. Darüber hinaus wird deutlich, dass es nicht unbedingt eines konkreten Fundes bedurfte, um die archäologischen Quellen ideologisch und politisch zu nutzen und für die eigene Sache auszulegen. Himmler interpretierte die Funde nach seiner persönlichen Auffassung, um innerhalb der SS seine rasseideologischen Vorstellungen durchzusetzen.[43]

Auf Basis dieser Ideologie wurden laut dem Soziologen Rüdiger Lautmann 10.000 – 15.000 Männer, denen Homosexualität vorgeworfen wurde in Arbeits- und Vernichtungslager des NS-Regimes deportiert, gequält und ermordet. Allerdings waren auch viele Frauen betroffen.[44]

6.3 Hunte 1 - ein Beispiel aus der Region

Ende der 1930er Jahre wurde die jungsteinzeitliche Siedlung Hunte 1 am Dümmersee im Landkreis Diepholz unter der Leitung von Hans Reinerth (1900-1990), der dem „Amt Rosenberg" zuzuordnen ist, untersucht.

Diverse Lesefunde eines Heimatforschers hatten erste Hinweise auf jungsteinzeitliche Siedlungen in dem Gebiet ergeben.[45] Hans Reinerth wollte in Erfahrung bringen, „warum das Kernland der nordischen Rasse und Kultur [...] nicht die gleiche unwahrscheinlich gute Erhaltung der Siedlungen, Wohnbauten, der Werkzeuge und Kleingeräte und den gleichen erstaunlichen Fundreichtum aufweisen kann" wie die von ihm zuvor untersuchten süddeutschen Feuchtbodensiedlungen.[46]

Entdeckt wurden sechs jungsteinzeitliche Fundplätze, von denen Hunte 1 näher untersucht wurde. Die Siedlung bestand aus 40 Gebäuden und besaß eine

---

[41] Vgl. Focke-Museum (Hrsg.): a.a.O., S. 71
[42] Vgl. http://www.spiegel.de/spiegel/print/d-13509072.html; 21.02.2015
[43] Vgl. Focke-Museum (Hrsg.): a.a.O., S. 71
[44] Vgl. http://www.rosa-winkel.de/index.php?option=com_content&view=article&id=4&Itemid= 3; 7.03.2015
[45] Vgl. Focke-Museum (Hrsg.): a.a.O., S. 66 f.
[46] Reinerth, Hans: Ein Dorf der Großsteingräberleute. Die Ausgrabungen des Reichsamtes für Vorgeschichte am Dümmer, in: Germanen-Erbe 4, 1939, S. 226

Ausdehnung von 110 mal 40 Meter. Die Ausgrabungen erfolgten durch Studenten, Freiwillige, Schulklassen und im Jahr 1940 zusätzlich durch französische Kriegsgefangene.[47]

„Gefunden wurden Keramik, Steingeräte und Werkzeuge aus organischem Material der jungsteinzeitlichen Trichterbecherkultur. Hinzu kam Schmuck aus den Zähnen von Wildtieren, wie Bären, Wildschweinen und Füchsen. Zum Fundmaterial gehörten auch viele Tierknochen, unter anderem von Bibern, Elchen, Wisenten und Auerochsen und von den Haustieren Schwein, Schaf, Pferd und Rind sowie zahlreiche menschliche Überreste."[48]

Reinerth deutete die menschlichen Überreste (siehe Anhang Bildmaterial 2) alle als zur „fälische(n)" Rasse" gehörig und äußerte sich dahingehend: „So bietet das Moor am Dümmer auch zur Rassenfrage der Großsteingräberleute einen wertvollen Beitrag, der uns lehrt, daß schon im 3. Jahrhundert v.d. ZTR. Die gleiche fälische Rasse in Nordwestdeutschland Trägerin einer hohen bodenverbundenen Kultur war, genau wie später in germanischer Zeit und auch wie heute."[49] Er zog damit einen chronologischen Bogen von der Jungsteinzeit bis in die Gegenwart des Jahres 1940.[50]

Bestätigt wurde der Bau der Siedlung in der Zeit um 2900 bis 2750 v.Chr. durch eine Neubewertung der Ausgrabung mit modernen naturwissenschaftlichen Datierungsmethoden.[51]

7 Germanien – Propagierung einer Idee [52]

7.1 Germanien im NS-Alltag

Der nationalsozialistische Alltag war vorwiegend durch eine umfassende Propaganda beeinflusst. Bereits im März 1933 wurde das „Reichsministerium für Volksaufklärung und Propaganda" eingerichtet, dessen Minister der promovierte Germanist Joseph Goebbels (1897-1945)[53] wurde. Die Propaganda war im Wesentlichen durch massive rassenideologische und antisemitische

---

[47] Vgl. Focke-Museum (Hrsg.): a.a.O., S. 67
[48] Ebenda, S. 67
[49] Reinerth, Hans: a.a.O., S. 241 f.
[50] Vgl. Focke-Museum (Hrsg.): a.a.O., S. 67
[51] Vgl. Kossian, Rainer: Hunte 1 – Ein mittel- bis spätneolithischer und frühbronzezeitlicher Siedlungsplatz am Dümmer, Ldkr. Diepholz (Niedersachsen). Die Ergebnisse der Ausgrabungen des Reichsamtes für Vorgeschichte in den Jahren 1938 und 1940, Kerpen/Loogh 2007, S.222
[52] Focke-Museum (Hrsg.): a.a.O., S. 82
[53] Vgl. Anger, Eberhard: a.a.O., S. 322

Formulierungen und Zeichnungen geprägt, aber auch die Durchdringung des Alltags mit Werbung gehörte dazu. Beispielsweise durch Nachbauten bekannter archäologischer Objekte für Sportfeste und Festumzüge oder durch die massenhafte Verbreitung materialechter und anderer Repliken von archäologischen Funden für Privatleute und Schulen. Einen weiteren Schwerpunkt der NS-Propaganda bildete der Versuch der „Germanisierung" christlicher Feiertage.[54] So sollte beispielsweise der traditionelle Weihnachtsbaum durch den „germanischen Julbaum" ersetzt werden.[55]

Die Einflussnahme durch propagandistische Werbemaßnahmen begann im Geschichts- und oder Heimatkundeunterricht an den Schulen. Das Thema Deutsche Vorgeschichte hatte mit der Machtübernahme Hitlers 1933 einen besonderen Stellenwert erhalten. Es wurde zum „wichtigsten Sachgebiete"[56] ausgewählt. Den Kindern und Jugendlichen sollte der Stolz auf ihre Ahnen vermittelt werden.

7.2 Die Wirtschaft nutzt den Mythos - ein Beispiel

Wie viele andere Unternehmen, nutzte auch die Mainzer Chemiefirma Erdal das neu entstandene Germanenbild für ihre eigenen Interessen. Die Chemiefirma hatte zu Beginn des 20. Jahrhunderts eine innovative Schuhcreme auf Wachsbasis entwickelt. Zur Schuhcreme gab es nun verschiedene Sammelbildchen mit vorgeschichtlichen Motiven. Der Wunsch, vor allem der Kinder, das dazugehörige Sammelalbum „Aus Deutschlands Vorzeit" (siehe Anhang Bildmaterial 3) zu füllen führte zu einer stärkeren Kundenbindung. Neben den Sammelbildchen wurden auch Stundenpläne und Lesezeichen für die Schule herausgegeben. Der positive Nebeneffekt aus der Sicht der Nationalsozialisten war eine weitere Ideologisierung der Kinder und Jugendlichen. Diese erfolgte auch durch die Hervorhebung des germanischen Charakters und dessen allgemeiner Überlegenheit auf den Werbeartikeln.[57]

---

[54] Vgl. Focke-Museum (Hrsg.): a.a.O., S. 109
[55] Vgl. http://www.mainpost.de/regional/main-spessart/Weihnachten-im-Dritten-Reich-Krieg-unterm-Tannenbaum;art129810,7861500; 28.02.2015
[56] Geschwendt, Fritz: Schulungslager für Vorgeschichte, in: Nachrichtenblatt für Deutsche Vorzeit 11, 1935, S. 73
[57] Vgl. Focke-Museum (Hrsg.): a.a.O., S. 116

8 Fortgang nach dem Ende des Zweiten Weltkrieges

8.1 Zustände nach 1945

Nach dem Ende des Zweiten Weltkrieges stellte sich die Frage: „Wie sah es mit den Archäologen der SS oder des „Amtes Rosenberg" und wie mit den Archäologen in den ehemals besetzten Ländern aus, die in der NS-Zeit mit den Deutschen zusammengearbeitet hatten?"[58] Bei Kampfhandlungen waren etliche Archäologen an allen Fronten gefallen. Wie auch die politisch Verantwortlichen Adolf Hitler (1889-1945)[59] und Heinrich Himmler setzte auch der Archäologe Hans Schleiff (1902-1945) seinem Leben und dem seiner Familie ein Ende. Doch viele Archäologen hatten es geschafft ihrer Profession weiterhin nachzugehen, wie beispielsweise Herbert Jankuhn.[60]

8.2 Umgang mit der Schuld

Ohne jeden Zweifel haben sich die Archäologen während der NS-Zeit mitschuldig gemacht. Sie haben sich durch ihre Zusammenarbeit mit der SS und dem „Amt Rosenberg" in die nationalsozialistische Herrschaft eingefügt, sie nach außen vertreten und fachlich unterstützt.[61] Sie haben eine Pseudowissenschaft begründet, auf deren Basis die Rassenideologie der Nationalsozialisten fußte. Die Folge dieser Ideologie war die Verfolgung anderer „Rassen" wie Juden, aber auch Homosexuellen, Behinderten, Sinti, Roma und der respektlose Umgang mit den Menschen in den von Deutschland überfallenen Staaten. Millionen von Menschen wurden in Vernichtungslager deportiert, ermordet, gequält und gefoltert, verschleppt und zu Zwangsarbeit verurteilt.

Trotz dieser schweren Schuld, die sie auf sich geladen haben, gelang es den meisten Wissenschaftlern dennoch ihre archäologische Karriere fortzusetzen. Dies formulierte der Auschwitz-Überlebende und italienische Chemiker Primo Levi (1919-1987)[62] wie folgt: „Sie empfinden Abscheu vor Handlungen, die sie begangen haben, und neigen deshalb dazu, etwas anderes an ihre Stelle zu setzen. Das kann einsetzen mit einem erfundenen, verlogenen, wiederhergestellten Handlungsablauf, der aber weniger schmerzvoll ist als der wirkliche. Beschreibt man diesen Ablauf oft genug gegenüber anderen und sich

---

[58] Ebenda, S. 164
[59] Vgl. Fischer, Siegfried: Das grosse Lexikon der Weltgeschichte, Stuttgart 1992, S. 300
[60] Vgl. Herrmann, Klaus: Hans Schleif 1902-1945. in: Reinhard Lullies, Wolfgang Schiering (Hrsg.): Archäologenbildnisse. Porträts und Kurzbiographien von Klassischen Archäologen deutscher Sprache. Zabern, Mainz 1988, S. 285 f.
[61] Vgl. Focke-Museum (Hrsg.): a.a.O., S. 164
[62] Focke-Museum (Hrsg.): a.a.O., S. 164

selbst, verliert die Unterscheidung zwischen Wahrheit und Lüge allmählich ihre Konturen, und der Mensch glaubt schließlich mit voller Überzeugung an seine Geschichte. [...] Der lautlose Übergang von der Lüge zum Selbstbetrug ist nützlich: wer auf Treu-und-Glauben lügt, lügt besser, spielt seine Rolle besser, findet leichter Glauben beim Richter, beim Historiker, beim Leser, bei seiner Frau und bei seinen Kindern [und bei Studierenden und Doktoranden U.H.]"[63]

8.3 Herbert Jankuhn – die Karriere geht weiter

Am Beispiel Herbert Jankuhn (1905-1990) soll dargestellt werden, wie „glatt" viele Entnazifizierungsverfahren von SS-Archäologen abliefen.

Herbert Jankuhn war im Nationalsozialismus eines der führenden Mitglieder im „SS-Ahnenerbe" und wurde unter anderem als „fanatischer Archäologe"[64] beschrieben. Während der NS-Zeit war er unter anderem an den Grabungen am frühgeschichtlichen Seehandelsplatz Haithabu beteiligt, welche zu den bekanntesten der Zeit gehören.[65]

Am 8. Mai 1945 geriet Jankuhn in amerikanische Kriegsgefangenschaft, die im Jahre 1946 in eine Internierung umgewandelt wurde. Aussagen ehemaliger Arbeitskollegen auch aus dem „Ahnenerbe" entlasteten Jankuhn, sodass er im Februar 1948 aus der Internierung entlassen wurde. Im Verlauf der weiteren Entnazifizierung bestritt Jankuhn in weiten Teilen seine Kenntnisse über die Judenverfolgung, Kriegsvorbereitungen und den Völkermord. Der zuständige Senat gewann den Eindruck, dass der Archäologe „unter Zwang handelnd in die SS eingetreten" war, um sein „für die abendländische Kultur unersetzliches Lebenswerk vor den Eingriffen Unbefugter zu retten". Darauf folgte seine Einstufung in die Gruppe V (Entlastete). Nach einer Gastprofessur in Hamburg 1951/1952 und einem weiteren Sommersemester in Kiel wurde Herbert Jankuhn 1952 in den Personenkreis der Hochschullehrer zur Wiederverwendung aufgenommen und erhielt eine Professur in Göttingen. Bis zu seiner Emeritierung blieb er dort und wurde für seine Verdienste um die Prähistorische Archäologie mit dem Großen Niedersächsischen Verdienstkreuz ausgezeichnet.[66]

---

[63] Levi, Primo: Ist das der Mensch?, München 1988, S.8
[64] Lehmann, Hartmut u.a.: Nationalsozialismus in den Kulturwissenschaften: Fächer, Milieus, Karrieren, Göttingen 2004, S. 680
[65] Vgl. Focke-Museum (Hrsg.): a.a.O., S. 72
[66] Vgl. Focke-Museum (Hrsg.): a.a.O., S. 167 f.

„Dieser lückenlose Übergang ist denn auch ein wesentlicher Grund dafür, dass sich bis heute in der Alltagsvorstellung einer breiten Öffentlichkeit ein diffuses Bild eines einstigen Germanien gehalten hat."[67]

9 Der Mythos lebt weiter

9.1 Gründe für das Fortbestehen

Bis heute sind die Bilder der Germanen aus der Zeit des Nationalsozialismus in unseren Vorstellungen vorhanden. Der Germane als tapferer, kriegerischer, blonder und blauäugiger Mensch der Vorgeschichte. Doch das ist auch kein Wunder.

Bis in die 1980er-Jahre hinein hat es gedauert, bis in dieser Weise charakterisierte und abgebildete Geramanen aus den Schulbüchern verschwunden waren. Die Nachkriegsgeneration lernte im Unterricht teilweise noch mit großformatigen und bunten Schulwandbildern aus der NS-Zeit (siehe Anhang Bildmaterial 4).

9.2 Germanenbilder in der Alltagskultur

Gegenwärtig tauchen die Germanen in der Werbung, auf Zeitschriftentiteln (siehe Anhang Bildmaterial 5) und in der Populärliteratur auf. Oftmals ähneln die dargestellten Germanenbilder, wenn auch unbeabsichtigt oder aus Unkenntnis heraus, jenen aus der NS-Zeit.[68]

Auch die Wirtschaft bedient sich bis heute der Germanenbilder als Werbemittel. So brachte beispielsweise der Spielzeug-Hersteller Schleich 2012 den „gefürchteten Nordmann" in der Reihe „neue Helden" heraus (siehe Anhang Bildmaterial 6), ebenso erklärte eine Mannheimer Brauerei 2012 den „Goldenen Germanen" als ihr „Bier des Jahres" (siehe Anhang Bildmaterial 7). Bereits diese kleine Auswahl an alltäglichen Germanenbildern in der Gegenwart zeigt, dass sich auch heute noch viele Ähnlichkeiten mit der NS-Bilderwelt finden lassen. Die Eigenschaften, die man mit den Germanen in Verbindung bringt, werden bis heute positiv wahrgenommen.

---

[67] http://www.fr-online.de/kunst/archaeologie-und-nationalsozialismus-ausstellung-ueber-nazi-pluenderung,1473354,22136234.html; 21.02.2015
[68] Vgl. Sénécheau, Miriam: Archäologie im Schulbuch. Themen der Ur- und Frühgeschichte im Spannungsfeld zwischen Lehrplanforderungen, Fachdiskussion und populären Geschichtsvorstellungen. 1 Text, Freiburg im Breisgau 2008, S. 455 ff.

Doch der entscheidende Unterschied im Vergleich zwischen NS- und Jetztzeit ist, dass die Germanen mehrheitlich nicht mehr mit politischen Ideen und Deutungen verknüpft werden: „Die Helden [...] dienen [...] nicht mehr als Vorbilder zur Schaffung einer nationalen Identität"[69]

10 Abschließende Betrachtung

10.1 Persönliche Reflexion

Von der Formulierung der Leitfragen bis zu deren Beantwortung war es ein weiter, arbeitsintensiver und entgegen den Erwartungen zu Anfang, auch ein hoch spannender Weg. Vor allem aufgrund des Fortbestehens des „Mythos Germanien" bis heute. Als grober Leitfaden durch die gesamte Thematik stellte sich die Publikation „Graben für Germanien – Archäologie unterm Hakenkreuz", die anlässlich der gleichnamigen Ausstellung des Focke-Museums 2013 herausgebracht wurde, als sehr geeignet heraus. Meine Darstellung, die nur einen Ausschnitt aus diesem Wissenschaftsmissbrauch beinhalten kann, zeigt aber auch die dringende Notwendigkeit der Ausstellung des Focke-Museums auf, um diesen Themenkomplex endgültig zu „entideologisieren".

Mir lag es besonders am Herzen, den „Mythos Germanien" in Beziehung zur „Jetztzeit", zu „uns" zu bringen und Ausgrabungen aus unserer Region auszuwählen, um diesen Effekt zu verstärken.

Besonders wichtig war mir außerdem, die Archäologie nicht nur in der „unschuldigen" Rolle darzustellen.

Die Tatsache, dass viele NS-Wissenschaftler ihr Leben nach dem Nationalsozialismus einfach fortführen konnten, ohne für ihre Schuld und ihre Verbrechen gerade stehen zu müssen, empfand ich während meiner Arbeit an der Facharbeit als außerordentlich ungerecht. Eine bedeutsame Erkenntnis für mich ist auch, welche verheerenden Folgen ein Wissenschaftsmissbrauch nach sich ziehen kann.

Um einen der vielen Menschen, die unter dieser Ungerechtigkeit und noch vielmehr unter den ideologischen „Rassetheorien" der NS-Archäologen leiden mussten, zu Wort kommen zu lassen, habe ich das Zitat des Auschwitz-Überlebenden und italienischen Chemikers Primo Levi in meine Facharbeit eingebracht. Für Personen wie ihn müssen die nach 1945 weiterlaufenden

---

[69] Sénécheau, Miriam: a.a.O., S. 778

Karrieren vieler ehemaliger NS-Angehöriger besonders unverständlich gewesen sein.

10.2 Ausblick

Vermutlich wird sich der Mythos um die Germanen noch einige Zeit halten, „wie lange es wohl dauern mag, bis das Klischee [...] still in irgendeiner Kellerecke verschwindet"[70] ist nicht absehbar, zumal die rechtsextreme Szene derzeit stetig wächst und sich dieses Mythos immer noch bedient. Vor allem in den letzten Jahren, in denen sich - bedingt durch die vielen „neuen" Kriege, z.B. im nordafrikanischen Raum - die Zahl von Flüchtlingen und Migranten, die nach Deutschland kommen beträchtlich erhöht hat.[71]

Der neonazistischen Szene dient die aus dem Mythos resultierende „Rassenüberlegenheit" immer noch zur Rechtfertigung ihrer teilweise gewaltsam ausgetragenen Fremdenfeindlichkeit.

Trotzdem wage ich einen positiven Ausblick: Hoffnung, diesen Mythos zu begraben vermittelt mir, dass die sogenannten Neofaschisten in der absoluten Minderheit sind und die Mehrheit der Bevölkerung demokratisch denkt. Dies kann somit dazu beitragen, dass dieser Mythos endlich soliden wissenschaftlichen Erkenntnissen weichen muss.

---

[70] http://www.fr-online.de/kunst/archaeologie-und-nationalsozialismus-ausstellung-ueber-nazi-pluenderung,1473354,22136234.html; 21.02.2015
[71] Vgl. http://www.bamf.de/DE/Infothek/Statistiken/statistiken-node.html; 7.03.2015

11 Literaturverzeichnis

11.1 Nachschlagewerke

- Anger, Eberhard: Der Brockhaus. In einem Band (4. Auflage), Mannheim 1992
- Fischer, Siegfried: Das grosse Lexikon der Weltgeschichte, Stuttgart 1992

11.2 Fachbücher vor 1945

(Ideologische Belastung möglich)

- Hahne, Hans: Über die Moorleichen der Provinz Hannover, Leipzig 1911
- Kossinna, Gustaf: Altgermanische Kulturhöhe (2. Auflage), Leipzig 1930
- Kossinna, Gustaf: Die deutsche Vorgeschichte, eine hervorragend nationale Wissenschaft (7. Auflage), Leipzig 1936
- Kossinna, Gustaf: Ursprung und Verbreitung der Germanen in vor- und frühgeschichtlicher Zeit (2. Auflage), Leipzig 1934
- Mestorf, Johanna: Moorleichen, in: Bericht des Schleswig-Holsteinischen Museums Vaterländischer Altertümer bei der Universität Kiel. 44, Kiel 1907

11.3 Fachbücher nach 1945

- Berg, Matthias: Wissenschaft, Politik und Krieg. Die Kaiser-Wilhelm-Gesellschaft 1933-1945, Kiel 2004
- Focke-Museum (Hrsg.). Unter Mitarbeit von Sandra Geringer u.a.: Graben für Germanien: Archäologie unterm Hakenkreuz; [anlässlich der Ausstellung „Graben für Germanien - Archäologie unterm Hakenkreuz", Focke-Museum, Bremer Landesmuseum für Kunst- und Kulturgeschichte, 10. März bis 8. September 2013], Bremen 2013
- Grünert, Heinz: Gustaf Kossinna. Ein Wegbereiter der nationalsozialistischen Ideologie, in: Leube, Achim (Hrsg.): Prähistorie und Nationalsozialismus: Die mittel- und osteuropäische Ur- und Frühgeschichtsforschung in den Jahren 1933-1945, Heidelberg 2002
- Herrmann, Klaus: Hans Schleif 1902–1945. in: Lullies, Reinhard u.a. (Hrsg.): Archäologenbildnisse. Porträts und Kurzbiographien von Klassischen Archäologen deutscher Sprache. Zabern, Mainz 1988

- Klöcker, Michael u.a.: Die Volksschule im NS-Staat. Nachdruck des Handbuches „Die deutsche Volksschule im Grossdeutschen Reich: Handbuch der Gesetze, Verordnungen und Richtlinien für Erziehung und Unterricht in Volksschulen nebst den einschlägigen Bestimmungen über Hitler-Jugend und Nationalpolitische Erziehungsanstalten" von A. Kluger, Breslau 1940, Köln 2000
- Kossian, Rainer: Hunte 1 – Ein mittel- bis spätneolithischer und frühbronzezeitlicher Siedlungsplatz am Dümmer, Ldkr. Diepholz (Niedersachsen). Die Ergebnisse der Ausgrabungen des Reichsamtes für Vorgeschichte in den Jahren 1938 und 1940, Kerpen/Loogh 2007
- Lehmann, Hartmut u.a.: Nationalsozialismus in den Kulturwissenschaften: Fächer, Milieus, Karrieren, Göttingen 2004
- Levi, Primo: Ist das der Mensch?, München 1988
- Reitzenstein, Julien: Himmlers Forscher. Wehrwissenschaft und Medizinverbrechen im „Ahnenerbe" der SS, Paderborn 2014
- Sénécheau, Miriam: Archäologie im Schulbuch. Themen der Ur- und Frühgeschichte im Spannungsfeld zwischen Lehrplanforderungen, Fachdiskussion und populären Geschichtsvorstellungen. 1 Text, Freiburg im Breisgau 2008

11.4 Zeitungen und Zeitschriften

- Geschwendt, Fritz: Schulungslager für Vorgeschichte. In: Nachrichtenblatt für Deutsche Vorzeit 11 (1935), S. 73
- Reinerth, Hans: Ein Dorf der Großsteingräberleute. Die Ausgrabungen des Reichsamtes für Vorgeschichte am Dümmer. In: Germanen-Erbe 4 (1939), S. 226 ff.

11.5 Festschriften

- Burmeister, Stefan u.a. (Hrsg.): 42. Festschrift für Michael Gebühr. Internationale Archäologie – Studia honoraria 28, Rahden 2007

11.6 Internetadressen

- http://diepresse.com/home/leben/ausgehen/1395265/Auf-der-Suche-nach-den-alten-Germanen; 15.02.2015
- http://geschichtspuls.de/graben-fuer-germanien-archaeologie-unterm-hakenkreuz-ausstellung-bremen-art1600; 14.02.2015

- http://sundoc.bibliothek.uni-halle.de/diss-online/03/07H057/t4.pdf; 23.02.2015
- http://www.bamf.de/DE/Infothek/Statistiken/statistiken-node.html; 7.03.2015
- http://www.deutschlandradiokultur.de/die-germanen-sind-ein-geschichtliches-konstrukt.954.de.html?dram:article_id=239802; 1.03.2015
- http://www.dhm.de/archiv/ausstellungen/walhall/art2.htm; 23.02.2015
- http://www.fachdidaktik.klassphil.uni- muenchen.de/forschung/seminartage/interpretationskurs/tacitus-allgemeines.pdf; 8.03.2015
- http://www.fr-online.de/kunst/archaeologie-und-nationalsozialismus-ausstellung-ueber-nazi-pluenderung,1473354,22136234.html; 21.02.2015
- http://www.mainpost.de/regional/main-spessart/Weihnachten-im-Dritten-Reich-Krieg-unterm-Tannenbaum;art129810,7861500; 28.02.2015
- http://www.nationalgeographic.de/reportagen/topthemen/2007/tod-im-moor; 21.02.2015
- http://www.nwzonline.de/stars-und-sternchen/archaeologen-und-nazis-schufen-einen-mythos_a_2,0,2566663339.html; 14.02.2015
- http://www.planet- wissen.de/politik_geschichte/voelker/germanen/index.jsp; 1.03.2015
- http://www.rosa- winkel.de/index.php?option=com_content&view=article&id=4&Itemid= 3; 7.03.2015
- http://www.spiegel.de/spiegel/print/d-13509072.html; 21.02.2015
- http://www.zeit.de/2013/11/Germanien-Ausstellung-Bremen/seite-2; 15.02.2015

12 Anhang

<u>Bildmaterial 1</u>

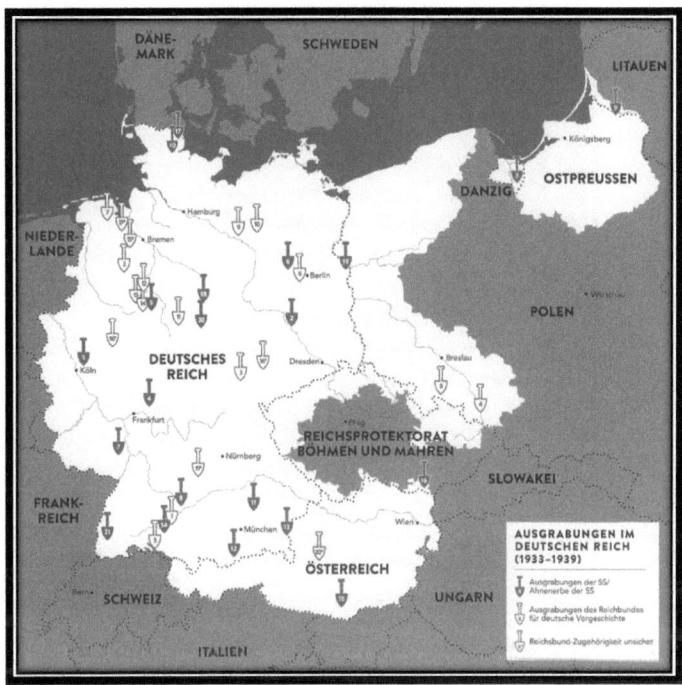

Karte der Ausgrabungen des „Ahnenerbe" der SS und des „Reichsbundes"
(1933-1939) im Deutschen Reich.[72]

---

[72] Focke-Museum (Hrsg.). Unter Mitarbeit von Sandra Geringer u.a.: Graben für Germanien: Archäologie unterm Hakenkreuz; [anlässlich der Ausstellung „Graben für Germanien – Archäologie unterm Hakenkreuz", Focke-Museum, Bremer Landesmuseum für Kunst- und Kulturgeschichte, 10. März bis 8. September 2013], Bremen 2013, S. 62

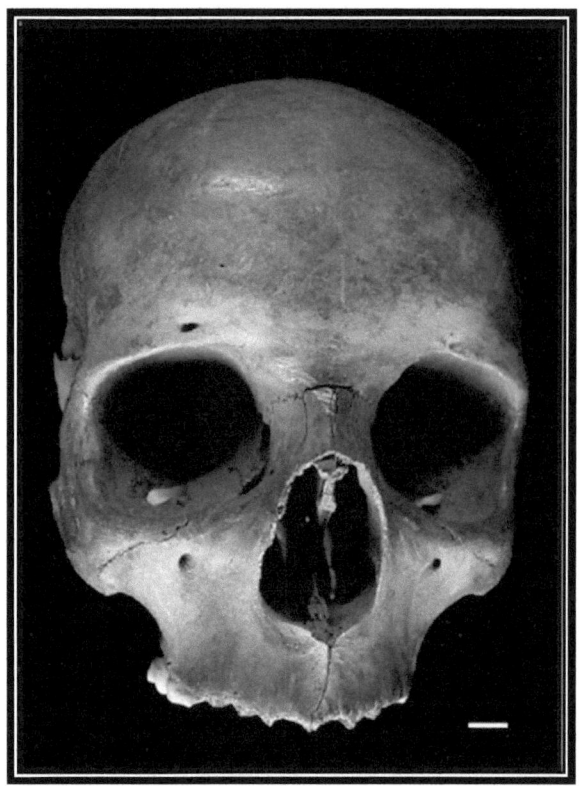

Schädelmaske einer 18-39 Jahre alten Frau. Frontalansicht.

Ende der 1930er Jahre bei den Ausgrabungen der jungsteinzeitlichen
Siedlung Hunte 1 am Dümmersee gefunden.[73]

(Länge des Maßstabs 0,8 cm)

---

[73] Vgl. http://www.academia.edu/2483416/Sch%C3%A4delmasken_aus_der_Siedlung_Hunte_1
_am_ D%C3%BCmmer_sp%C3%A4te_Trichterbecherkultur_fr%C3%BChe_Schnurkeramik_;
5.03.2015

Bildmaterial 3

Sammelalbum „Aus Deutschlands Vorzeit" der Chemiefirma Erdal.

Die dazugehörigen Sammelbildchen mit vorgeschichtlichen Motiven
wurden gemeinsam mit der Schuhputzcreme der Mainzer Firma offeriert.
Ziel war es die Kundenbindung zu intensivieren.[74]

---

[74] Vgl. http://img.zvab.com/member/c16200/62029906.jpg; 5.03.2015

Bildmaterial 4

NS-Konstruktion des Germanischen für deutsche Schulen: Dieses
Schulwandbild zeigt die „germanische Tracht zur Eisenzeit".[75]

Auch nach dem Ende des „Dritten Reiches" wurden teilweise
Schulwandbilder aus der NS-Zeit im Unterricht weiter genutzt.[76]

---

[75] Vgl. http://www.damals.de/de/8/Archaeologie-unterm-Hakenkreuz.html?aid=191011&cp=81&
action=showDetails; 5.03.2015
[76] Vgl. Focke-Museum (Hrsg.): Graben für Germanien – Archäologie unterm Hakenkreuz, Bremen
2013, S. 179

Ein Beispiel für alltägliche Germanenbilder. Zeitschriftentitel des
Nachrichtenmagazins „Der Spiegel" aus dem Jahr 2002.

Interessant der Untertitel „Die Entdeckung einer […] Hochkultur". Beleg für das
Fortbestehen des „Mythos Germanien" und der angeblichen Hochkultur der
Germanen.[77]

---

[77] Vgl. http://www.spiegel.de/spiegel/print/index-2002-48.html; 5.03.2015

Bildmaterial 6

Der „gefürchtete Nordmann" aus der Reihe „neue Helden" vom Spielzeug-
Hersteller Schleich aus dem Jahr 2012.[78]

---

[78] Vgl. http://www.heise.de/preisvergleich/schleich-world-of-history-neue-helden-soeldner-der-gefuerchtete-nordmann-70066-a870046.html; 5.03.2015

Das Klischee vom Germanen = Deutschen als Biertrinker. Das „Bier des Jahres" (2012) „Goldener Germane" der Mannheimer Eichbaum-Brauerei.[79]

---

[79] Vgl. http://www.bier-universum.de/datenbank/marken_und_biersuche/detail/beerdb/goldener-germane.html; 5.03.2015